d

Norbert Golluch
Die Weihnachts-bescherung

Eine Paradiso-Geschichte

Mit Bildern von
Theo Kerp

Diogenes

Alle Rechte vorbehalten
Copyright © 1996
Diogenes Verlag AG Zürich
50/96/33/2
ISBN 3 257 00835 X

Es war im Dezember, die Welt sah weiß wie Zuckerwatte aus, und das Haus der Tümpels lag friedlich unter tiefem Schnee. Doch wirklich friedlich ging es drinnen im Augenblick nicht zu…

»Das kann doch nicht dein Ernst sein, Franz!« schimpfte die kleine Schildkröte. »Bäume abhacken! Wegen Weihnachten! Da mach' ich nicht mit!«

»Aber bisher haben Anton und ich doch jedes Jahr einen Weihnachtsbaum aus dem Wald geholt und hier drinnen geschmückt…«, verteidigte sich Franz kleinlaut, aber Muriel ließ nicht mit sich reden.

»Wenn du einen Baum ins Haus bringst, kannst du ohne mich feiern!«
»Weihnachtsbäume?« scherzte Anton, der beim Plätzchenbacken war.

»Weihnachtsbäume könnt ihr haben – so viele ihr wollt!« Er hielt einen kleinen Weihnachtsbaum aus Teig hoch, den er gerade ausgestochen hatte.

Albert, der Frosch, übte auf seiner Trompete. Er spielte *O Tannenbaum.*

»Nun, Albert«, fragte ihn Franz, »was hältst du von einem richtigen Tannenbaum im Haus?«

Die Antwort überraschte Franz: Albert streckte ihm einfach die lange Zunge heraus. »Bäääh!«

»Siehst du, Franz!« Muriel fühlte sich bestätigt. »Auch Albert will keinen abgehackten Baum! Nur du und Anton!«

»Also gut, Weihnachten ohne Baum!« gab Franz klein bei. »Das wird ja eine traurige Angelegenheit! Wenn ich es mir recht überlege, vergeht mir die Lust auf Weihnachten. Dann gibt es auch keine Geschenke!«

»Weihnachten ganz ohne Geschenke?
Das glaube ich nicht! Du lügst!« rief Muriel.
»Franz, Anton, das könnt ihr doch nicht machen!«

Am Nachmittag hatten Franz und Anton den Streit schon fast vergessen, und beide bastelten an ihren Geschenken für Muriel. Doch die kleine Schildkröte war noch immer beunruhigt. Würde es wirklich keine Geschenke geben? Sie schlich durchs Haus und lief schließlich über den Hof zum Schuppen, in dem jemand hämmerte und sägte.

Vorsichtig klopfte Muriel an die Tür. »Bist du da drinnen, Franz?«

Erschrocken wandte sich Franz um. »Ja, Muriel, aber…« Schnell holte er eine Decke und warf sie über die Werkbank. »…du kannst jetzt nicht…«

Doch schon steckte Muriel die Nase durch die Tür.
»Was machst du da? Ist das für mich?«

»Halt, stopp!« Franz stellte sich schützend vor die Werkbank. »Kleinen Vorwitznasen ist das Betreten der Weihnachtswerkstatt ausdrücklich verboten!« Er nahm die kleine Schildkröte und setzte sie vor die Tür.

»Blöder Franz!« schimpfte Muriel. »Ich gehe zu Anton! Der ist viel, viel netter!«

Die Tür zu Antons Zimmer war verschlossen. Muriel sprang hoch und versuchte die Klinke zu fassen, aber sie rutschte immer wieder ab. Was sollte sie nur tun? Die kleine Schildkröte konnte sich vor Neugier kaum noch retten. Gab es hinter dieser Tür Weihnachtsgeschenke oder nicht?

Drinnen sah Anton erschrocken zur Tür. Schnell schob er die letzten Kartons in sein Versteck unter den Holzdielen. Es war ein gutes Versteck, das nur er und der Stern kannten. »Du darfst niemandem verraten, wo die Geschenke versteckt sind! Ehrenwort?« Der Stern blinkte zustimmend.

Draußen hatte die kleine Schildkröte einen Stuhl herangeschoben und sah durch das Schlüsselloch. So war das immer mit den Geschenken.

Niemand sagte einer armen neugierigen kleinen Schildkröte etwas! Nichts als Heimlichtuerei! Sie preßte ihr Gesicht gegen das Schlüsselloch, um besser sehen zu können.

Plötzlich öffnete sich die Tür, und Muriel wäre fast vom Stuhl gefallen.
»Hab ich dich erwischt!« lachte Anton.
»Ich wollte doch nur… ich suche nur den Stern«, stotterte Muriel.
»Du meinst wohl die Weihnachtsgeschenke!« entgegnete Anton.
Das war zuviel für die kleine Schildkröte.

»Stimmt gar nicht!« schimpfte sie. »Du und Franz mit dieser doofen Geheimniskrämerei! Ich gehe jetzt weg und komme nie mehr wieder!« Sie lief fort, und nur der Stern konnte ihr folgen.

Muriel war tatsächlich verschwunden, und mit ihr der Stern.
Als es dämmerte und die Zeit der Bescherung kam,
suchten Franz und Anton Tümpel vergeblich nach ihr.
»Muriel, Stern, wo steckt ihr denn nur!« riefen sie
immer wieder, aber niemand antwortete.
Sogar Albert der Frosch und die Maus
suchten mit, aber ohne Erfolg.

Es kam noch schlimmer: Als Anton nach seinen Geschenken sehen wollte, traf ihn fast der Schlag! Sie waren verschwunden!

»Franz!« rief Anton aufgeregt. »Jemand hat die Geschenke gestohlen! Und den Weihnachtsschmuck hat er auch mitgehen lassen.«

Alle Pakete von Anton waren fort – auch die Geschenke für Muriel!

»Das kommt nur daher, weil du so unordentlich und vergeßlich bist!« meinte Franz. »Du hast zum Beispiel vergessen, daß ich in diesem Jahr der

Weihnachtsmann bin! So war es abgemacht. Und, was passiert? Mein Herr Bruder läuft auch im roten Mantel durchs Haus! Zwei Weihnachtsmänner – wo gibt es denn so was?«

Franz hatte sich richtig in Hitze geredet und wollte die Strafpredigt für seinen Bruder noch fortsetzen. »Ich zum Beispiel habe meine Geschenke nicht verloren! Schau her!« Zum Beweis stülpte er den Sack um, der neben ihm gestanden hatte.

Anton begann zu kichern: »Schöne Geschenke hat mein Herr Bruder! Nichts als Tannenzapfen, ein paar welke Blätter und viel Dreck!«

»Verflixt!« schimpfte jetzt Franz. »Wir müssen den Dieb sofort suchen!«

»Nein«, widersprach ihm sein Bruder. »Zuerst müssen wir Muriel finden. Vielleicht irrt sie durch den dunklen Winterwald und findet den Weg nach Hause nicht mehr! Sie ist wichtiger als alle Geschenke der Welt!«

Draußen hatte es geschneit, als Albert, Franz und Anton aufbrachen, um Muriel und den Dieb der Weihnachtsgeschenke zu suchen. Schnell fanden sie die Spuren von Muriel und dem Stern im frischen Schnee und folgten ihnen. Es war schon seltsam anzusehen: zwei Weihnachtsmänner und ein als Engel verkleideter Frosch mit Trompete…

Sie waren noch nicht sehr weit gegangen, da leuchtete etwas durch die Zweige des Waldes.

»Dort drüben!« deutete Franz in die Winternacht. »Lichter!«

Franz bog ein paar Zweige zur Seite. Auf einem bunten Paket stand Muriel, winkte ihnen und – sie standen staunend vor einem prachtvoll geschmückten Weihnachtsbaum voller Kugeln und Kerzen! Darumherum standen Pakete und Päckchen – die Geschenke!

»Frohe Weihnachten!« rief Muriel und sprang in Franzens Arme.

»Da hast du uns aber einen schönen Streich gespielt«, lachte Franz.

»Hab ich das nicht toll hingekriegt? Und ganz ohne abgehackten Baum!«

Ja, wirklich, das hatte Muriel ganz toll hingekriegt, und von nun an schmückte sie jedes Jahr zu Weihnachten eine Tanne im Wald mit Kerzen und Kugeln und kleinen bunten Vögeln aus Glas, und die anderen mußten den geschmückten Baum suchen…

*Bitte beachten Sie auch
die folgenden Seiten*

Norbert Golluch und Theo Kerp
Die Bitterwurzel
Eine Paradiso-Geschichte

»Die Sendung mit der Maus« hat Zuwachs bekommen:
Die Brüder Tümpel und die Schildkröte Muriel
aus Paradiso sind da!

Paradiso ist das kleinste Dorf der Welt. Hier leben die
Zwillingsbrüder Franz und Anton Tümpel mit ihrem
Findelkind, der vorwitzigen Schildkröte Muriel,
mit Albert, dem Frosch, der am liebsten Trompete spielt,
und einigen anderen Tieren.
Franz und Anton sehen sich zwar äußerlich sehr
ähnlich, doch sind sie recht unterschiedliche Charaktere:
Franz ist ein Mann der Tat, handwerklich begabt,
ein leidenschaftlicher Bastler und Sammler.
Der Schuppen neben dem Haus ist seine Werkstatt,
in der er alle möglichen Dinge wiederverwertet
und neu erfindet. Anton ist ein Träumer und Denker,
der lieber eine Ode auf die Butterblume dichtet
als den Rasen zu mähen. Das darf dann Franz machen.
So was führt natürlich zu Konflikten, die auf spaßige
Art und Weise ausgetragen werden. So entstehen immer
neue Episoden aus der Welt der Brüder Tümpel.

»Einfach wunder-, wunderschön!«
Walliser Bote, Brig

Norbert Golluch und Theo Kerp
Das Traumfahrrad
Eine Paradiso-Geschichte

Sand, nichts als Sand sieht Franz Tümpel in seinen Träumen, und Durst und das endlose Laufen quälen ihn. Kaum schlägt die kleine Schildkröte Muriel vor: »Nimm doch einfach dein Fahrrad mit!«, als Anton, sein Zwillingsbruder, sich an die Arbeit macht und ein Traumfahrrad malt – vorerst mit nur einem Sitz und ohne Bremse, doch dann groß genug für eine gemeinsame Traumreise zu dritt durch eine riesige Schublade voller Wunderdinge, in der es nach frisch angespitzten Bleistiften und Schokolade riecht. Eine Wunderwelt für alle reiselustigen Kinder.

»Die Paradiso-Geschichten sind von Theo Kerp in großformatigen Bildern wunderschön in Szene gesetzt, die dazu einladen, in das Land der Phantasie, nach Paradiso, zu verreisen.«
Der Ulmer